WEGE DER HEILUNG

Die Kraft der *Fragen*

IM PROZESS DER HEILUNG

MARION MIETKE

WEGE DER HEILUNG

Die Kraft der *Fragen*

IM PROZESS DER HEILUNG

Impressum:
Herausgeber/Autorin:
Marion Mietke
Dunckerstr.90
10437 Berlin

marionmietke@gmail.com

Deutsche Erstausgabe 2021
Veröffentlicht bei Marion Mietke
merlinada

Covergestaltung: Marian Barnow

ISBN: 9798704645412

Gleich zu Beginn möchte ich darauf hinweisen, dass ich hier meine Erfahrungen in meiner über 30-jährigen Begleitung von Menschen in ihrem Heilungsprozess darstelle.

Die dargelegten Fragen, verstehen sich als Impulse, als Anregungen, den Heilungsprozess als komplexes System zu betrachten und besser zu verstehen.

- Sie dienen nicht der medizinischen Diagnose. Die Gedanken sind nicht als medizinische Hinweise anzusehen.
- Sie stellen keine Verordnungen dar.
- Ich weise ausdrücklich darauf hin, dass bei gesundheitlichen Problemen immer die Tätigkeit des Arztes, eines professionellen Therapeuten oder Heilpraktikers einzubeziehen ist.
- Jeder hat die freie Wahl, die Fragen und die daraus entstandenen Impulse für sich zu nutzen.

Den Heilungsprozess als System zu verstehen, bedeutet für mich, ihn im Zusammenhang von Körper, Geist und Seele zu sehen.

Ich werde Sie/dich in diesem Buch mit einem seelenfreundlichen DU anreden.
Die Seele kennt kein Sie.

Das schmälert in keinem Fall meinen Respekt, meine Wertschätzung, meine Offenheit und meine Liebe zu dir!!!!

Guten Morgen, du vom Leben beatmeter Tag.

Ich grüße dich voller Freude, mit weit geöffnetem Herzen und Glückseligkeit.

Heute habe ich ein Geschenk für dich. Ich lasse diesem Geschenk Flügel wachsen und übergebe es dir in tiefer Dankbarkeit.

Getragen von würdevoller Leichtigkeit des Fragens, hast du mich mit diesen Gedanken durchflutet, so dass ich es dir heute manifestiert zurückgeben kann:

Das Buch:

„Die Kraft der Fragen im Prozess der Heilung“

Ist Heilung

ein Weg zurück zur Ganzheit,

ein Weg zurück zur Freude,

ein Weg zurück zur Liebe,

ein Weg zurück zur Lebendigkeit,

ein Weg zurück zu sich selbst?

Ist das Heil-Sein unser natürlicher Ursprung?

Ist der Heilungsprozess als System zu verstehen, das agiert zwischen Körper, Geist und Seele?

In diesem Buch findest du Fragen, Fragen, Fragen. Diese führen dich in diesem Prozess.

Spüre die Kraft der Fragen.

Spüre, wie die Fragen heilsame und erkenntnisreiche Antworten in dir hervor bringen.

Spüre, wie die Fragen den Teil in dir erwecken, der dich in die Heilung bringen kann.

Spüre, wie sich in dir der Glaube ausdehnt, alles ist möglich.

Spüre, wie dein ICH den Tanz der Heilung tanzen will. Der Begleiter in diesem Tanz ist die Gewissheit, dass der Heilungsprozess dich dahin trägt, wo du die größten Wachstumsmöglichkeiten hast.

Spüre, wie du dich selbst auf die Suche machst nach Erklärungen der Entstehung von Un-heil-sein.

Spüre, erahne, atme Heilenergie.

Spüre, wie der Heilungsprozess dein Herz wie eine Welle der Liebe durchströmt.

Dieses Buch ermuntert dich mit Leichtigkeit, Verstehen, Freude und Liebe, in den Zustand des Heil-Seins zu gehen.

Erfahre dich darin!

Ich verneige mich vor dir,

vor deinem Leben,

vor deiner Krankheit!

Ich verneige mich vor

der Art und Weise,

wie du dein Leben getragen hast –

bis hier her

Ich verneige mich vor dir,

weil du dieses Buch in

deinen Händen hältst.

Das zeigt,

deine tiefe Sehnsucht und

deinen unbedingten Willen,

heil zu sein

Worin liegt die tiefe Bedeutung des Fragens?

Fragen können Denkimpulse geben

Fragen schärfen die Beobachtungsgabe

Fragen können Erkenntnisse produzieren

Fragen können Sichtweisen ändern

Veränderte Sichtweisen können zur Heilung führen
Veränderte Sichten können uns auf einen anderen Weg, auf einen anderen Pfad führen.

Fragen können den Menschen für Informationen und Wissen öffnen

Durch *Fragen* können Bilder entstehen, die Heilung erzeugen.

Fragen öffnen Türen für Antworten

Fragen ermöglichen uns etwas völlig neu zu bewerten, einzuschätzen

Fragen können Ideen und Gedanken entfalten, die das Bewusstsein der Menschen ändern.

Fragen eröffnen uns für neue Möglichkeiten

Fragen lassen uns eintauchen in Unbekanntes. Durch dieses Unbekannte können wir wachsen, lernen und bewusster werden

Fragen machen Lust auf mehr Erkenntniszuwachs.

Fragen können uns mehr zu uns selbst führen, zu unserem bewussten SEIN.

Fragen helfen uns, Prozesse, Situationen und Menschen, besser zu verstehen.

Fragen unterstützen uns dabei, wacher zu werden, um unseren Blick zu schärfen, Ursachen zu sehen, die zu Krankheiten/Symptomen führen können.

Fragen wir uns vorwärts!
Fragen wir uns wissend!
Gebären wir durch das Fragen
Erkenntnisse zum HeilSEIN

Könntest du dir vorstellen,

dass Fragen,

dich in gesundes Denken,

in heilende Gedanken

bringen können?

Was würde passieren,

wenn du dir ab heute

heilende Gedanken

verordnest?

.

Glaubst du,

dass du selbst

die Macht hast,

dich zu entscheiden,

welche Gedanken du denkst?

Angenommen,

du würdest die Macht

deiner Gedanken verstehen,

könnte dich das näher

an deine Heilung bringen?

Gibt es

unheilbaren Krankheiten

oder gibt es nur

unheilvolle Gedanken?

Willst du

wirklich leben?

Woran erkennst du,

dass du wirklich

leben willst?

Woran

kann der andere

erkennen,

dass du wirklich

leben willst?

Bist du bereit,

ALLES

für

deine Heilung

zu tun?

Was ist im

medizinischen

Sinne bei dir

gestört?

Wie lange trägst du

dieses Symptom,

diese „Krankheit“ schon

mit dir herum?

Hat sich zu Beginn

deiner Krankheit

in deinem Umfeld irgend

etwas ereignet?

Hast du einen Schock erlitten,

eine tiefe Enttäuschung,

einen harten Streit, eine Ungerechtigkeit

oder ähnliches?

Könntest du einen

Zusammenhang erkennen?

Wie waren deine ersten Gedanken,

nachdem du die Diagnose erfahren hast?

Worauf gründeten sich diese Gedanken?

- *auf welche deiner Erfahrungen?*
- *auf welche deiner Erkenntnisse?*
- *auf Gehörtes von anderen Patienten?*

Was verbindest du

mit dieser

Diagnose?

Was

hat diese Diagnose

mit dir zu tun?

Welche

Diagnose hast

du erwartet?

Wie erging es dir,

als du noch nichts von der

Krankheitsdiagnose

gewusst hast?

Was ist jetzt anders,

seit du von der

Diagnose weißt?

Wofür ist es gut,

die Diagnose

erfahren zu haben?

Wofür ist es gut,

keine Diagnose

zu erfahren?

Wie viele Menschen haben

diese Diagnose

überlebt?

Was würdest

du einem Freund raten,

der die gleiche Diagnose

gestellt

bekommen hat?

Gibt es etwas,

wofür du dich

schuldig fühlst?

Glaubst du, dass du eine

Strafe verdient hast?

Wenn du glaubst,

Schuld aufgeladen zu haben,

bist du dann ein Täter?

Muss der Täter

dann bestraft werden?

Kann es sein,

dass Schuldgefühle,

ein Bedürfnis nach Sühne,

nach Buße auslösen?

Kann durch Buße,

durch Sühne

Schuld getilgt werden?

Wieso nimmst du dir

durch deine

vermeintliche Schuld,

deine Würde und

deine Selbstachtung?

Können Schuldgefühle

der Grund für

eine Schwächung

deines Immunsystems sein?

Angenommen du

bist frei von Schuld,

wie geht es dir dann?

Gibt es

Schuld

wirklich?

Krankheit,

wie hast du es geschafft,

in mir Platz zu nehmen und es dir so

richtig gemütlich zu machen?

Was glaubst du,

sind die Ursachen

deiner Krankheit?

Ist Krankheit vielleicht nur

ein Ausdruck, dass etwas in das

Ungleichgewicht

zwischen deinem Geist,

Körper

und deiner Seele

gekommen ist?

Kann es sein,

dass es bei Heilung, um

das Herstellen

des Gleichgewichtes geht?

Was bist du bereit

zu geben,

um wieder in das

Gleichgewicht zu kommen?

Was kann geschehen,

wenn du lange in der

„Krankheit“ verharrst?

Was kann das auslösen?

Welche unterdrückten

Gefühle lebst du

durch deine Krankheit aus?

Was glaubst du,

wie lange du deine

Krankheit

noch brauchst?

Wofür lohnt es sich,

diese „Krankheit“

aufzugeben?

Angenommen,

du gibst deine

Krankheit auf,

was würde es

mit ihr machen?

Was

kannst du tun,

um dich und

die Krankheit

besser zu verstehen?

Welchen Sinn könnte

deine „Krankheit“

haben?

Was

befürchtest du?

.

Wo sitzt

du fest und

versteinerst förmlich?

Welches Potential,

welche Kraft wird durch die „Krankheit“

in dir geweckt?

Wenn deine

Krankheit sprechen könnte,

was würde sie dir sagen wollen?

Was forderst du

mit deiner Krankheit,

mit deinem Symptom heraus?

Was hast

du dir nicht gestattet?

Willst du dich

vielleicht bewusst

zurückziehen?

Wovor schützt dich

deine Krankheit,

dein Symptom?

Wovon

willst du dich

wahrhaftig befreien?

Was will

in dir

wirklich Raum

haben?

Wer oder was

bist du mit der Krankheit,

mit diesem Symptom?

Wer oder was

bist du

ohne deine Krankheit, deinem Symptom?

Was sollte weg

sein, damit es

dir besser geht?

Wie stehst du zu

der Erkenntnis:

dass jedes Kranksein

etwas Gutes

in sich birgt?

Was,

wenn deine „Krankheit“ einfach

nur die „rote Lampe“

deines Körpers ist

(wie bei einem Auto),

die dir signalisiert, dass

etwas nicht in Ordnung ist,

dass dir etwas fehlt?

Was,

wenn deine Krankheit eine Pflanze ist,

die dir sagen will; „Ich kann nicht mehr wachsen,

weil die Erde – (dein Körper) -

mich nicht mehr

richtig nährt“?

Was würde geschehen,

wenn du

alte Wunden heilen lässt?

Kann eine Wunde heilen,

wenn man immer

wieder

an ihr kratzt?

Wofür lohnt es sich,

die Wunde heilen

zu lassen?

Was kannst du

selbst tun,

um die Wunde

heilen zu lassen?

Was brauchst du,

um den anderen

so sein zu lassen,

wie er ist?

Gehst du davon aus,

dass alte Wunden

bleiben müssen?

Wer weiß von

deinen Wunden?

Angenommen

du lässt alte Wunden

heilen,

was ist dann besser?

Kann es sein,

dass du jemanden brauchst,

der dich liebevoll

hegt und pflegt?

Was fehlt

dir wirklich?

Was hast du nicht gesagt,

nicht getan?

Hast du genug

für dich gesorgt?

Wem nützt

dein Kranksein?

Lebst du deine Bedürfnisse

oder achtest du mehr auf die

Bedürfnisbefriedigung anderer?

Kann es sein,

dass du dir selbst

nicht mehr genügst?

Was ist dein Anteil

an deinem

Kranksein?

Fühlst du dich

geliebt?

Ist es Liebe,

die du brauchst?

Gibt es noch eine andere

Möglichkeit,

dem anderen

zu zeigen,

dass du Liebe willst – als über

deine Krankheit?

Angenommen,

du würdest dich geliebt fühlen

und lebtest in einer

liebevollen Umgebung,

wo wäre deine

„Krankheit“?

Was ist anders

an Menschen,

die sich selbst lieben?

Tragen deine

Beziehungen

zu deinem Wohl,

zu deinen

Lebenszielen

bei?

Lebst du

in einer

glücklichen

Partnerschaft?

Weißt du,

was dich glücklich macht?

Fühlst du dich

in deiner Partnerschaft

entwertet, erschöpft

und von Verlustängsten

geplagt?

Trägt

deine Partnerschaft

zu deiner Gesundung bei?

Schützt dich

deine dicke Mauer,

die du dir aufgebaut hast,

wirklich?

Hat deine

Partnerschaft

dich völlig

eingenommen

und dir die

Luft zum Atmen

genommen?

Kann es sein,

dass dein Partner

sich von dir nährt

und dich auslaugt?

Willst du einer Person,

die dir nicht gut tut,

wirklich deine

ganze Kraft geben

und ihr so viel Macht

über dich geben?

Was glaubst du,

wie die Gesundungschance

aussieht,

wenn jemand in

einer unglücklichen

Beziehung lebt?

Wozu

lässt du dir

so viel gefallen?

Lebst du mehr

für Kompromisse

oder

für deine Interessen?

Sagst du „nein“,

wenn du „nein“ meinst?

Oder tust du Dinge,

(die du gar nicht willst)

nur um den anderen nicht verletzen

zu wollen?

.

Was hält dich

davon ab,

NEIN zu sagen,

wenn du NEIN meinst?

Was würde es mit dir machen,

wenn du aufhörst,

die Erwartungen anderer

zu erfüllen?

Würde es mehr

zu deiner Genesung

beitragen?

Kann es sein, dass,

wenn du den anderen

nach deinen Vorstellungen

ändern willst,

es bedeuten könnte,

dass du dich für das Leiden

entscheidest?

Glaubst du

daran, dass du

ein glückliches Leben

führen darfst?

Wie würde dein morgiger Tag aussehen,

wenn du alles,

was du tätest,

eine Handlung

der Selbstliebe wäre?

Wie gehst du

mit deiner Zeit,

deiner einzigartigen

Lebenszeit, um?

Wofür

verwendest du

deine Lebensenergie?

Wo will

deine Lebensenergie

wieder in das Fließen

kommen?

Bist du in deinem

jetzigen

Tätigkeitsfeld

vollkommen erfüllt?

Was würdest du sagen,

wenn wir alle

auf die Welt gekommen sind,

um Liebe zu geben?

Welchen Lebens-Gehalt

hat deine Nahrung?

Kann Nahrung

auch „Medizin“ sein?

Kann Nahrung

manchmal wichtiger

sein, als jeder Gedanke oder

jedes Gefühl?

Liebst du,

was du isst?

Schenkst du deiner

Nahrung Liebe?

Zwischen

welchen Alternativen

fühlst du dich hin

und her gerissen?

Was

bist du ohne

den zermürbenden und

kraftraubenden

Zweifel?

Drückt Zweifel

die lebenspendenden

Qualitäten von

Vitalität und Lust aus?

Gibt es dort,

wo Dankbarkeit ist,

Raum für Zweifel,

Unzufriedenheit,

Meckern,

Unmut, Groll

und Frustration?

Kann Dankbarkeit

auch ein JA zum Leben

und damit auch ein

JA zur Heilwerdung

bedeuten?

Könntest du dir vorstellen,

dass Dankbarkeit

dich in

kraftvolle Energien

bringen kann?

Welche Auswirkungen

könnte es für deine

Gesundheit haben,

wenn du von der

Kraft der Dankbarkeit

getragen wirst?

Vertraust du

dem

Prozess des Lebens?

Wie kann der Körper,

wie kann die Seele gesunden,

wenn Zweifel, Misstrauen und

Unzufriedenheit

die Wegbegleiter sind?

Wie viel Energie

frisst Misstrauen,

wie viel Kampf,

wie viel Schwere

erzeugt das Misstrauen?

Kann Glaube heilen?

Angenommen,

der Glaube besitzt

eine starke Geisteskraft,

würdest du sie für

deine Genesung

in Anspruch nehmen?

Könntest du dir vorstellen,

wenn du Worte

des Glaubens sprichst,

du damit Energie

erzeugst, die

chemische Prozesse

in deinem Körper auslöst,

die Genesung in dir erweckt?

Glaubst du

an die Geisteskraft

des Glaubens?

Wieso ist es möglich,

dass Worte des

Glaubens

so kraftgebend

für deinen Heilungsprozess

sein können?

Wofür würde es

sich lohnen,

an die Geisteskraft des

Glaubens zu glauben?

Was behindert

deinen Glauben,

wieder gesund

zu werden?

Was brauchst du,

um zu wissen,

was du willst?

Kann es sein, dass das

„Nicht-vergeben-können“,

die beste Medizin ist,

um zu leiden?

Ist dir bewusst,

solange etwas

nicht vergeben ist,

du immer

damit

verbunden bleibst?

Kann Vergebung

schon der erste Schritt

zur Heilung sein?

Was brauchst du,

um dir selbst

zu verzeihen,

zu vergeben?

Wofür lohnt es sich,

in die Vergebung

zu gehen?

Angenommen,

du vergibst,

kommt dadurch

deine Seele zu Schaden?

Woran hältst

du noch fest?

Ist tief in dir die Sehnsucht,

gehalten zu werden?

Was nagt

wirklich an dir?

Wie sollen

die Seele,

der Körper, der Geist

ohne Freude

gesunden?

Ist dort, wo Freude ist,

noch Raum

für Angst, Kummer,

Wut und Sorgen?

Hast du dein Umfeld schon auf Störfelder, geprüft?

Beispiele: *Hochspannungsleitungen*

Sendemasten

Elektrosmog

Lärm

Mastanlagen

Wasseradern u.a.

Hast du schon einmal

davon gehört,

dass Menschen,

die oft sauer sind

und sich ärgern,

Säure in ihrem Körper

bilden – sie also im Inneren

SAUER werden?

Wie ist es

eigentlich zu erklären;

je mehr Medizin

je mehr Kranke?

Welcher Stellenwert haben Vitamine und Mineralienzufuhr in deinem Genesungsprozess?

Hast du schon einmal

davon gehört,

dass dein Herz in

einer bestimmten Frequenz

pulsiert, und dass Frequenzen,

die von Handys,

elektrischen Anlagen usw.

in einer ganz anderen Frequenz
schwingen?

Was glaubst du, was das mit deinem
Herzen macht?

Wie würde

dein Leben aussehen,

wenn du gesund wärst?

Wie würde dein Leben,

deine Gesundheit aussehen,

wenn du dich frei von Meinungen

anderer machen würdest?

Was würde es

mit deiner Seele machen,

wenn du Wunder

für möglich hältst?

Was wäre,

wenn du plötzlich

gesund wärst?

Was hindert

dich daran,

plötzlich gesund zu sein?

Kann ein

„sich-ständig-Sorgen-machen“

ein Energiefresser sein,

der dein

Immunsystem

schwächt?

Ist dieses

„sich-ständig-Sorgen-machen“,

eine Art Selbstverletzung?

Können uns Sorgen

zur Genesung führen

oder eher ein

Hemmnis der

Genesung sein?

Kann ein geschwächtes

Immunsystem,

die Ursache

für Krankheiten sein?

Was wird anders,

wenn du dir stets

Sorgen machst?

Was ändern

deine Sorgen

am Fluss des Lebens

Können

deine Sorgen

die Probleme

lösen?

Was brauchst du,

um in das Vertrauen

zu kommen und

damit wieder in

deine Kraft,

in deine Gesundung?

Wofür

braucht der andere

deine Sorgen?

Gibt es

eine andere Möglichkeit

deine Liebe zu zeigen,

außer über

„das sich Sorgen machen“?

Können Sorgen

tatsächlich verhindern,

was du befürchtest?

Wofür lohnt es sich,

„das sich Sorgen machen“

aufzugeben?

Was

schmerzt

dich wirklich?

Was schmerzt dich,

wenn du an

Mama und Papa

denkst?

Wofür

hast du

dich krumm

gemacht?

Fühltest du

dich zu

wenig

unterstützt?

Wie oft sagst du

„ich muss“

statt

„ich will“?

Würdest du

deinen Kindern raten,

ein Leben zu führen,

wie du es tust und getan hast?

Gibt es Augenblicke,

in denen du dich

verurteilst,

dass dein Leben

nicht besser

„gelaufen“ ist?

Was müsste

anders sein

in deinem Leben?

Was

ist jetzt Zeit

zu ändern?

Wieviel Zeit

verbringst du

mit ungeliebten Arbeiten?

Erinnere dich;

was hast du als

Kind gern gemacht?

Gehst du deinen

eigenen Weg

oder folgst du

anderen?

Was ist es,

das von dir

bleiben soll?

Was würde

es mit dir machen,

wenn du erfährst,

dass sich deine Zellen

alle sieben Jahre erneuern?

Was glaubst du, würden

deine Zellen sagen,

wenn sie in ihrem

Erneuerungsprozess

immer durch chemische Einmischungen

gestört werden?

Was müsstest du tun,

um deiner Gesundheit

noch weiter zu schaden?

Was könntest du tun,

um richtig ernsthaft

krank zu werden?

Wofür ist es gut,

das Leiden

zu verlängern?

Welche Gedanken

würdest du lieber

nicht haben?

Angenommen

du könntest etwas Gesagtes

zurücknehmen,

was wäre das?

Gibt es etwas,

das du nicht sagen willst?

Wieviel gesünder wärst du,

wenn du die Segnungen

und Geschenke

des Lebens

zählst,

statt deine

Verletzungen?

Was kannst

du dafür tun,

um dich selbst besser

zu verstehen?

Woran erkennst du,

dass du hast,

was du willst?

Angenommen,

das, was du willst,

ist schon da.

Woran würdest du es erkennen?

Nimmst du dir genug Zeit,

für Dinge,

die dir wichtig sind?

Was schätzt

und bewunderst

du an

anderen Menschen?

Könnte es sein, dass es

auch in dir ist,

sonst könntest du es ja nicht sehen?

Was

würde

die Liebe zu dir

sagen?

Wofür lohnt es sich,

die Hoffnung

auf eine

bessere Vergangenheit

aufzugeben?

Marion Mietke

Ich liebe das Leben, die Liebe und die Menschen.
Sie sind meine größten Inspiratoren.

Meine Vision ist es,
dass alle Menschen glücklich und gesund sind, den Frieden leben können und, dass die Menschen an ihrem Leben Freude empfinden.

Freude öffnet das Herz und stärkt das Immunsystem. Mit Freude im Herzen lässt es sich leichter Freiheit, Glücksgefühl, Losgelöstheit und Liebe atmen. Diese Qualitäten sind es, die uns in die Gelassenheit, in die Entspannung und in das HEILSEIN bringen.

Besondere Begleiter an meiner Seite waren schon immer das Wort, der Bezug zum philosophischen Denken und die Fähigkeit beides miteinander zu verbinden.

Das Wort, das mir die Kraft verleiht, meine Seele auszudrücken, mich in Beziehung zu bringen mit den Menschen.

Worte können beflügeln, können wachsen lassen, können Liebe pflanzen, können Erkenntnisse entwickeln. Darin sehe ich mein Tun.

Meine Geschenke an euch:

Bücher, die von mir erschienen sind:

„Die Reiki Botschaft“ (Buch mit Karten)
„Das große Buch der Fluch Auflösung“
„Mein Herz ruft nach dir“ (Lyrik)
„Alles ist eine Frage der Sicht“
„WEGE DER HEILUNG –
Die Kraft der Fragen im Prozess der Heilung“

Weitere Bücher befinden sich im Schöpfungsprozess.

Meine Hilfen für euch:

freie spirituelle Trainerin/Beraterin,
Dozentin für alternative Bewusstseinserweiterung und heilenergetischer Arbeit.
HeilenergiePraktikerin ®

Ahnenfeldheilerin ®

Menschen sehen mich als Impulsgeberin, Herzensöffnerin, als Potentialentwicklerin, Seelenganzmacherin, Sichtweisenveränderin, absolute Methodikerin im Vermitteln und Entwickeln von Erkenntnissen, als Bewusstseins- und Gesundheitstrainerin und schätzen meine heilenergetische Arbeit.

In meiner langjährigen Tätigkeit mit den Menschen reifte in mir die Erkenntnis:

Ein gesunder Geist kann eine gesunde Seele erschaffen und diese einen gesunden Körper!

Es steht alles im Zusammenhang. Wenn das erkannt ist, ist Heilung möglich.

Die Heilwerdung kennt viele Wege. Es ist ihr egal, auf welchem du zu ihr kommst

Mit diesem kleinen Büchlein will ich initiieren, über die Kunst des Fragens, den Geist zu öffnen für das Verstehen der Zusammenhänge.

Berlin, den 11.11.2020

www.bewusst-kraftvoll-gesund.de

www.reiki-lehrerin-berlin.de

www.besprechen-von-krankheiten.de

Printed by Amazon Italia Logistica S.r.l.
Torrazza Piemonte (TO), Italy

19740535R00121